문신들에게 차별을 받던 무신들은
정중부, 이의방을 중심으로 반란을 일으켜
정권을 잡았어요.
이후 100년간 왕은 허수아비였을 뿐 모든
권력은 무신들이 독차지했지요.
살기 힘들어진 농민과 천민들은
여기저기에서 봉기를 일으켰어요.
혼란했던 고려의 역사 속으로 들어가 볼까요?

추천 감수 **박현숙**(고대사)

고려대학교 사범대학 역사교육과를 졸업하고 동 대학원에서 문학박사 학위를 받았습니다. 현재 고려대학교 사범대학 역사교육과 교수로 재직 중이며, 백제 문화와 고대 인물사 등에 대한 활발한 연구를 계속하고 있습니다. 쓴 책으로 〈백제의 중앙과 지방〉, 〈한국사의 재조명〉 등이 있습니다.

추천 감수 **정구복**(고려사 · 조선사)

서울대학교 사범대학 역사교육과를 졸업하고 서강대학교에서 문학박사 학위를 받았습니다. 한국학중앙연구원 한국학대학원의 교수로 재직 중이며, 한국학중앙연구원 한국학대학원 원장을 역임하였습니다. 쓴 책으로 〈한국인의 역사 의식〉, 〈역주 삼국사기〉, 〈한국 중세 사학사 1, 2〉 등이 있습니다.

추천 감수 **김한종**(근현대사)

서울대학교 사범대학 역사교육과를 졸업하고 동 대학원에서 역사교육을 전공하여 문학박사 학위를 받았습니다. 현재 한국교원대학교 교수로 재직 중입니다. 쓴 책으로 〈역사 교육 과정과 교과서 연구〉, 〈역사 교육의 내용과 방법〉(공저), 〈한 · 중 · 일 3국의 근대사 인식과 역사 교육〉(공저), 〈역사 교육과 역사 인식〉(공저) 등이 있습니다.

고증 **문중양**(과학사)

서울대학교 계산통계학과를 졸업하고 동 대학원에서 이학박사 학위를 받았습니다. 쓴 책으로 〈우리 역사 과학 기행〉, 〈우리의 과학문화재〉(공저), 〈세종의 국가 경영〉(공저) 등이 있습니다.

고증 **정연식**(생활사 및 복식)

서울대학교 국사학과를 졸업하고 동 대학원에서 문학박사 학위를 받았습니다. 쓴 책으로 〈조선 시대 사람들은 어떻게 살았을까?〉(공저), 〈일상으로 본 조선 시대 이야기 1, 2〉 등이 있습니다.

글 **박영규**

1996년 밀리언셀러 〈한권으로 읽는 조선왕조실록〉을 출간한 이후 〈한권으로 읽는 고려왕조실록〉, 〈한권으로 읽는 백제왕조실록〉, 〈한권으로 읽는 신라왕조실록〉 등 '한권으로 읽는 역사 시리즈'를 펴내면서 쉽고 재미있는 역사책 읽기의 바람을 일으켰습니다. 그 외에도 〈교양으로 읽는 한국사〉 등의 많은 역사책을 썼습니다.

그림 **한철후**

대학에서 산업디자인을 전공하였습니다. 현재 프리랜서 일러스트레이터로 활동하고 있으며 그린 책으로 〈고려사〉, 〈헨젤과 그레텔〉, 〈세종대왕〉, 〈에디슨〉, 〈방귀 며느리〉 등이 있습니다.

이미지 제공

연합포토, 중앙포토, 국립중앙박물관, 국립부여박물관, 국립경주박물관, 국립민속박물관, 유연태(사진작가), 허용선(사진작가)

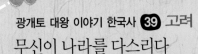

광개토 대왕 이야기 한국사 ㉟ 고려
무신이 나라를 다스리다

총기획 및 발행인 박연환
발행처 (주)한국헤르만헤세
출판등록 제17-354호
연구개발원 경기도 성남시 분당구 금곡동 444-148
대표전화 (031)715-7722
팩스 (031)786-1100
본사 서울시 송파구 석촌동 7-3
대표전화 (02)470-7722
팩스 (02)470-8338
고객문의 080-715-7722
편집 임미옥, 백영민, 윤현주, 지수진, 최영란
디자인 장월영, 주문배, 김덕춘, 김지은

이 책의 표지는 일반 용지보다 1.5배 이상 고가의 고급 용지인 드라이보드지를 사용해 제작하였습니다. 표지를 드라이보드지로 제작하면 습기의 영향을 덜 받기 때문에 본문 용지가 잘 울지 않고, 모양이 뒤틀리지 않아 책을 오랫동안 보존할 수 있습니다.

이 책은 기존의 석유 잉크 대신 친환경 식물성 원료인 대두유 잉크를 사용하여 인쇄하였습니다. 대두유 잉크는 선진국에서 널리 사용하고 있는 고가의 대체 잉크로, 휘발성이 적어 인쇄 상태의 보존이 용이하고, 인체에 무해할 뿐만 아니라 눈에 부담을 주지 않는 자연스러운 색을 내는 특징이 있습니다.

광개토대왕 이야기 한국사

39
★
고려

무신이
나라를 다스리다

감수 **정구복** | 글 **박영규** | 그림 **한철후**

한국헤르만헤세

무신들의 꼭두각시 명종

무신 정치가 시작되다

명종은 인종의 셋째 아들로, 이름이 '호'였어요. 1170년 9월, 정중부가 반란을 일으켜 의종을 몰아내고 의종의 아우였던 호를 왕으로 세움으로써 고려 제19대 왕이 되었지요.

호는 본래 왕이 될 가능성이 없는 위치에 있었어요. 하지만 그도 역시 왕이 되고 싶었지요. 그가 왕이 되기 전, 최여해라는 사람이 찾아왔어요.

"어젯밤에 꿈에 공께서 용상에 앉으셨더이다."

용상이 내 것이 될 수도 있겠군.

호는 최여해에게 목소리를 낮추라고
엄하게 말했어요.
"아무에게도 그 이야기를 하지 마라.
나뿐만 아니라 자네도 위험해질
것이야. 어쨌거나 꿈풀이로 본다면
내가 왕이 된다는 말인데……."
호는 정중부 등이 그를 왕으로 세우려 할 때 최여해의 꿈을
떠올리며 거부하지 않았어요.
하지만 이렇게 왕위에 오른 명종은 아무런 권한도 갖지 못한
채, 간신히 목숨을 유지하는 허수아비 왕이었어요. 반란에
성공한 무신들이 궁궐에 중방을 설치하고
자기들 마음대로 나랏일을 보았기 때문이에요.
무신 정치는 원종 때까지 100년이나 계속되었어요.
무신들은 그 기간 내내 서로 권력을 잡기 위해
피비린내 나는 다툼을 벌였지요. 무신들의 다툼은 최충헌이 등장하여
권력을 독점할 때까지 혼란스럽게 계속되었어요.
무신들 사이의 권력 투쟁을 시작한 사람은 이고였어요. 이고는 정중부와
함께 무신의 난을 일으킨 핵심 인물이었어요. 사실 무신의 난은 이의방,
이고, 채원 등 하급 무장들이 반란을 계획하고 정중부는 그들의 뜻에
따랐을 뿐이에요.

물론 정중부가 돕지 않았다면 이들의 계획은 이루어질 수
없었을 거예요. 하지만 아무리 정중부의 역할이 컸어도 난을 일으킨 후
권력을 쥔 것은 이의방, 이고 등 하급 무장들이었어요.

감히 길거리
주먹 따위가!

"말을 듣지 않는 대신들이 있으면 모두 죽여라!"

그들은 정중부 등 고위 세력보다 훨씬 강력한 세력을 키워 나갔어요.

하지만 권력을 독차지하고 싶어진 이의방과 이고는 곧 등을 돌리게
되었어요.

이고는 길거리의 건달들을 모아 이의방을 치려고 했어요. 그런데 이
사실이 이의방의 귀에 흘러들어 갔어요.

"이고 이놈이 먼저 치고 나오는구나! 오냐 내가 먼저 없애리라."

이의방은 이고와 그의 부하들은 물론 이고의 가족들까지 죽이거나
외딴 곳에 가두었어요. 그러고 나서 이의방은 이고를 없애는 데
힘을 모은 채원까지 죽이고 모든 권력을 독차지했어요.

이의방이 권력을 함부로 휘두르자, 이에 불만을 품은 귀법사의
승려들이 도성을 공격하기로 했어요.

"이의방을 우리 승려들이 혼내 줍시다."

귀법사의 승려 100여 명이 도성으로 몰려갔으나, 그들은 이의방의
상대가 되지 못했어요.

그러자 그 다음 날, 승려 2천여 명이 또다시 도성의 동문을 공격했어요.
이의방은 이들마저 물리친 뒤, 중광사를 비롯한 유명한 절을 모두
허물어 버렸어요.
그 무렵 서경 유수인 조위총이 반란을 일으켰어요. 그런데 생각과 달리
조위총을 처치하는 일이 쉽지 않았어요. 그래서 이의방은 자신이 직접
궁 밖으로 나가 군사들을 다독였어요. 그런데 이때를 노리는 사람이
있었어요. 바로 정중부의 아들 정균이었어요.
'이의방이 궁 밖으로 나갔을 때, 그를 죽이고 권력을 다시 차지하리라.'
얼마 후, 정균은 마침내 기회를 잡아 이의방을 죽였어요. 이제 다시
정중부가 권력의 핵심이 된 거예요.
그런데 정중부의 부하들인 이광정, 정종실, 송유인 등이 정중부의
권력을 등에 업고 횡포를 일삼기 시작했어요.
이광정은 자신을 비판하는 사람이 있으면 가차 없이 죽였고, 몰래
뇌물을 챙겨 엄청난 재산을 모았어요.

이의방은
물러가라!

정종실 또한 재물에 욕심이 많아서, 죄 없는 사람들을 죄인으로 몰아서
그들의 재산을 빼앗았지요.
심지어 송유인은 왕에게 술주정을 하며 행패를 부렸어요.
정중부 세력의 횡포는 26세의 청년 장수 경대승의 반란으로 막을
내렸어요. 정중부 무리를 몰아낸 경대승은 무신 정권의 핵심 기구인
정방을 무시하고 도방을 설치했어요.
"나라가 제대로 돌아가려면 문신과 무신을 골고루 등용해야 한다."
처음에는 경대승도 어지러운 고려의 정치를 바로잡기 위해 많은 애를
썼어요.

저렇게 까부니
절까지 다
없애라는 거잖아.

11

하지만 그는 사람을 믿지 못하여, 누구든지 의심이 들면 바로 죽이곤
했어요. 그의 부하들 또한 백성의 재물을 빼앗고 함부로 사람을 죽였기
때문에 백성들의 원망은 날로 높아 갔어요.

그러던 어느 날, 경대승은 갑자기 정중부의 귀신을 보았다며
헛소리를 하더니 자리에 눕고 말았어요. 그러고는 정신 나간 사람처럼
두려움에 떨다가 1183년 7월, 세상을 떠났어요.

경대승이 죽은 후 한동안 그 자리를 채울 권력자가 나타나지 않았어요.
왕권을 회복하기에 가장 좋은 기회였지만 혼자서 나랏일을 돌볼 자신이
없었던 명종은 경대승을 피해 고향으로 내려간 이의민을 불렀어요.

사실 이의민은 경주에서 백성들을 괴롭히며 살던 건달이었어요.
그런데 무술을 잘하여 개경 수비군이 되었고, 정중부의 난에
가담하여 중랑장이 되었지요.

경대승은 이의민을 아주 싫어했어요. 이의민은 그런 경대승이
자신을 죽일까 봐 밤마다 집에 보초를 세워 두고 지키게 했어요.
그러다가 끝내 병을 핑계로 고향인 경주로 내려갔지요.

명종이 그런 이의민을 불러 자기 곁에 두려는
것은 그를 믿어서가 아니라, 혹시라도 경주에서
반란을 일으킬까 두려웠기 때문이에요.

이의민은 주인 없는 땅이나 다름없던 조정을 단숨에 휘어잡았어요. 그런데
그 무렵, 무장 출신의 두경승이 재상을 지내고 있었어요. 이의민은 자기보다
윗자리에 있는 두경승이 늘 못마땅했어요.
하루는 이의민이 두경승을 겁줄 생각으로 거들먹거렸어요.
"어떤 사람이 힘자랑을 하기에 내가 이렇게 때려 주었다오."
이의민은 사람 때리는 시늉을 하며 궁궐의 기둥을 때렸어요. '쿵' 소리와 함께
궁궐의 기둥이 흔들렸어요. 그런데 두경승도 만만치 않았어요. 두경승이
기둥에 주먹을 날리자, 그 주먹이 기둥 속에 박혔을 정도니까요.
대신들은 항상 이 둘의 눈치를 살피며 지냈어요. 이들을 잘못 건드렸다가는
목숨이 위태로울지도 모른다고 생각했기 때문이에요.

흔들
흔들

어느 날, 이의민의 아들이 다가와 조용히 말했어요.

"아버지, 십팔자(十八字)가 왕이 된다는 소문이 쫙 퍼졌습니다."

"십팔자는 이(李)를 풀어쓴 말이 아니더냐?"

"이씨가 왕이 되어 주기를 바라고 있다는 말이 아니겠습니까?"

"왕은 무능하기 짝이 없다. 실제로 '십팔자'인 내가 왕이 되면 나라를
훨씬 더 잘 이끌어갈 게다."

이제 이의민은 허수아비인 명종을 몰아내고 왕위에 오를 생각을
했어요. 그러나 그의 꿈은 최충헌의 반란으로 무너졌어요. 최충헌과
최충수 형제는 이의민 일가를 모두 죽이고 고려의 권력을 손에
넣었어요. 그리고 60년간 고려를 다스렸어요.

반란의 물결로 뒤덮인 고려

무신들이 권력 다툼을 벌이는 동안 궁 밖에서도 끊임없이 반란과
봉기가 일어났어요.
1173년 8월, 의종을 다시 왕으로 세우기 위해 서경에서 군사를 일으킨
김보당은 이의방에게 사로잡혔어요. 김보당은 당당하게 소리쳤어요.
"문신들 중에 이 모의에 가담하지 않은 자가 없다."
이 말 때문에 수많은 문신들이 목숨을 잃었지요.
김보당의 난이 실패로 끝나자 이번에는 서경
유수 조위총이 군사를 일으켰어요.
하지만 김존심의 배반으로 22개월 만에
진압당하고 말았어요.

우리도
사람이야!

무시당하고 살던 천민들도 가만히 있지 않았어요. 공주의 천민 마을 명학소에 살던 망이, 망소이가 천민들을 모아 봉기를 일으켰지요.

"권력 다툼만 일삼는 왕과 권력자들을 몰아내자!
세상을 뒤집자!"

그들은 충주까지 올라갔지만, 곧 정부군에게 모두 죽임을 당했어요. 급기야 농민들도 봉기를 일으켰어요. 1193년에 김사미와 효심이 각각 봉기를 일으켰다가 정부군에게 무너졌어요.

나라에 보탬이 되는 건 오히려 우리잖아!

혼란 속의 신종

내 맘대로
부리기엔
왕민이 제격이야.

늙은 왕

신종은 6년이라는 짧은 기간 동안 왕위에
머물렀어요. 신종도 명종과 마찬가지로
이름뿐인 왕이었어요. 최충헌이 권력을
움켜쥐고 나라를 마음대로 뒤흔들었기
때문이에요. 또한 전국에서 반란과 봉기가 끊이지
않았어요. 그래서 이때를 고려 최악의 시기라고 해요.

신종은 1144년 7월, 인종의 다섯째 아들로 태어났어요. 왕위에 오른
것이 1197년 9월이니, 54세의 많은 나이였지요. 늙은 신종이 갑작스레
왕위에 오른 것은 최충헌 무리의 판단에 따른 것이었어요.

"우리 마음대로 조종할 수 있는 왕을 세워야겠어.
왕의 동생 왕민이 어떤가?"

최충헌의 물음에 아우인 최충수가 대답했어요.

"저는 사공 왕진이 좋겠습니다. 학문이 뛰어난 사람이거든요."

그러자 박진재가 말했어요.

"금나라에서 모르는 왕진을 왕으로 세우면, 반란이 난 것으로
오해를 하게 될 것입니다."

결국 최충헌의 생각대로 왕민을 왕으로 세웠어요.
최충헌은 동생과 부하들을 모두 높은 벼슬에 앉히고 모든
권력을 손에 쥐었어요.
최충헌 세력은 한때 '봉사 10조'를 올리며 정치를
개혁하려는 모습을 보이기도 했지만, 그럴듯한
말로만 끝났어요. '봉사 10조'에는 토지
관리와 인재 등용에 대한 개혁안이
포함되어 있었지만 최충헌 스스로도
지키지 않았거든요.

다 늙어서 왕이
되었으니, 몸
보신이나 잘해야지.

60년 최씨 정권의 시작

최충헌은 1174년에 일어난 조위총의 난 때 큰 공을 세우고 섭장군의
자리에까지 오르게 된 사람이에요.

그 후 이의민을 죽이고 최고 권력자가 되었지만, 본래 이의민을
죽이기로 계획한 사람은 동생인 최충수였어요. 이의민의 아들
이지영에게 집비둘기를 빼앗긴 것에 앙심을 품고 이의민 패거리를
없앨 결심을 했던 거예요. 최충헌은 처음에 이를 말렸지만 결국
동생의 뜻을 받아들여, 1196년 4월에 반란을 일으켰어요.

이의민을 무찌른 최충헌은 곧장 명종을 찾아갔어요.

"이의민은 '십팔자'가 왕이 된다는 헛소문을 믿고 왕권을 노리고
있었사옵니다. 그래서 신이 그의 목을 베었습니다."

최충헌은 명종에게 자신의 존재를 확인시킨 뒤, 이의민을 따르던
사람들을 차례차례 없앴어요.

또한 자신과 뜻이 맞지 않는 무신들은 멀리 귀양을 보냈어요. 그리고
마침내 명종마저 몰아내고 늙은 신종을 왕으로 세웠어요.

형님, 더 이상
못 참겠어요.
이의민 패거리를
없애야겠어요.

음… 하지만
만만한 놈들이
아니야.

21

허수아비 신종을 왕으로 세운 그들은 왕보다 강한 권력을 휘둘렀어요.

그런데 얼마 후 최씨 형제끼리 다투는 일이 생겼어요.

최충수가 태자비를 쫓아내고 자신의 딸을 태자비로 들이려 했거든요.

최충헌은 딸을 내세워 권력을 강화하려는 동생에게 말했어요.

"우리가 권력을 잡고 있기는 하지만, 명문가가 아니다. 만약 자네의

딸을 태자비로 들인다면 세상 사람들이 비웃을 게야.

더구나 지금의 태자비를 쫓아내는 일은 옳지 않은 행동이다."

그럴듯한 말이었지만, 사실은 최충수의 세력이 더 커지는 것을

막기 위해 협박하는 것이었어요. 그러나 최충수가 말을 듣지 않자,

최충헌은 드러내 놓고 동생을 누르기 시작했어요.

"아직도 정신을 못 차렸구나! 할 수 없지. 최충수의

딸이 궁에 들어오지 못하도록 막아라!"

이 소식에 최충수는 화가 머리끝까지 났어요.

"아무래도 형과 그 무리들을

없애야겠다!"

이 말은 곧 최충헌의 귀에 들어갔어요.

결국 개경은 최씨 형제의 싸움으로

피비린내 나는 전쟁터가 되었어요.

결과는 최충헌 군사의 승리였어요.

최충수는 얼마간 버티다가

최충헌은 동생의
세력이 커지는 것을
두려워하는구나.

자기 권력을
빼앗길까 봐
그러는 거지.

도망갔는데, 그 뒤를 쫓은 최충헌의 부하들에 의해 죽임을 당했어요.

최충헌 역시 권력에 대한 욕심이 남들 못지않았어요. 외조카인 박진재의

세력이 점차 커지자 그를 불러, 두 다리의 힘줄을 끊고

외딴 곳으로 귀양을 보냈어요.

"아무리 권력이 좋다지만, 동생을 죽이고 외조카를 귀양 보내다니……."

"형제와 친척에게 칼을 겨누는 자가 나라를 다스리니 꼴이 뭐가 되겠나."

백성들이 뭐라고 하든 최충헌은 마침내 최고 관직인 문하시중까지

올랐어요. 그리고 1209년에는 교정도감을 두고 나랏일을 모두

그곳에서 처리했지요. 최충헌이 71세의 나이로 세상을

떠나자, 권력은 아들 최우에게 이어졌어요.

최씨 무신 정권은 60년 동안 계속되었어요.

노비 만적의 봉기

최충헌이 절대 권력을 휘두르자, 백성들은 더욱 심해진 권력층의
횡포에 시달리며 괴로워했어요.

곳곳에서 봉기가 일어났고, 온 나라가 전쟁터로 변해 갔어요.
1198년에는 최충헌의 노비 만적이 봉기를 일으키려다 실패했고,
1199년에는 지금의 강릉인 명주에서 봉기가 일어나 삼척과 울진이
함락되었어요. 1204년 4월에는 진주에서 봉기가 일어났으며,
같은 달에 밀성(지금의 밀양)에서는 관청 노비 50여 명이 운문(지금의
청도)에서 일어난 봉기군과 연합하여 크게 세력을 떨쳤어요.

무신 정권의 횡포에 맞선 봉기와 민란을 통해 당시의 시대적
특징을 알 수 있어요.

첫째, 민족을 통합하여 통일 국가로 우뚝 선 고려의 정통성과
명분마저 위협받을 정도로 무신 정권에 대한 백성들의
불만이 높았다는 거예요.

둘째, 농민과 노비 등 낮은 신분의 인물들이 봉기를 지휘할 만큼
백성들의 힘이 커졌어요.

셋째, 망이와 망소이 봉기뿐만 아니라 만적의 봉기에서도 볼 수
있듯이 고려의 신분 질서를 무너뜨리려는 움직임이 널리 퍼졌어요.
이에 신종은 봉기군을 달래기도 하고, 죄수들을 풀어 주며
민심을 얻으려고 했지만 민란과 봉기는 수그러들지 않았어요.
그만큼 백성들의 마음이 멀어진 거예요.

우리?
우리는 운문에서
왔다.

왕권 회복을 꿈꾼 희종

왕권의 부활을 꾀하다

희종은 신종과 선정 태후의 맏아들로 1181년 5월에 태어났어요.

1204년 1월에 병상에 누운 신종의 뒤를 이어 왕위에 올랐어요.

희종 역시 신종과 마찬가지로 실질적인 권력이 없었어요. 최충헌이

나랏일을 도맡아 했기 때문이에요.

희종은 왕실의 예법에 따라 정식으로 왕위에 올랐기 때문에 왕권을

주장하고 되찾을 자격이 충분했어요. 그래서 희종은 어떻게 하든

최충헌 일당을 몰아내고 왕권을 회복하려고 했어요.

'내가 반드시 고려 왕실의 자존심을 다시 세울 것이다!'

하지만 최충헌의 절대 권력을 넘기란 쉽지 않은 일이었어요.

최충헌은 백성들의 집 100여 채를 허물고는

수많은 백성들을 강제로 동원하여 그곳에

자신의 집을 지었는데, 그 규모가 대궐과

맞먹을 정도였어요. 백성들의 원성이 하늘을

찔렀지만, 최충헌 앞에서 바른 말을 하는 사람은

아무도 없었어요.

최충헌은 엄청난 권력을 가지고 있었구나.

다락방이 구한 최충헌

최충헌이 권력을 쥔 이후 많은 이들이
그를 제거하려고 했지만 그때마다
실패하고 말았어요.
"이제 더 이상 참을 수가 없구나. 내가
직접 나서야겠다."
　마침내 결심을 굳힌 희종은 내시들과
의논하여 1211년 12월, 일을
벌이기로 했어요.

"최충헌을 수창궁으로 들라 이르라."

최충헌이 희종과 나랏일을 이야기하는 동안 내시들은 최충헌의
부하들에게 접근했어요.

"폐하께서 장군들에게 술과 음식을 내리셨으니 함께 가시지요."

"출출하던 참인데, 마침 잘되었소."

최충헌의 부하들이 궁궐 깊숙한 곳에 이르자, 사방에서 승려와
무사들이 나타나 최충헌의 부하들을 단칼에 해치웠어요.

이 사실을 알게 된 최충헌은 파랗게 질린 얼굴로 희종에게 빌었어요.

"폐하, 제발 저를 살려 주십시오."

희종은 애원하는 최충헌을 뿌리치고 내실을 떠났어요. 최충헌은
허둥지둥 다락방으로 몸을 숨겼어요. 그때 내시와 승려 들이 내전으로
달려왔지만, 다락방에 숨은 최충헌을 찾지 못했어요. 한편 최충헌이
위기에 빠졌다는 소식을 듣고 그의 부하들이 내전으로 들이닥쳤지요.

가까스로 죽음을 면한 최충헌은 희종을 왕위에서 끌어내린 뒤,
강화도에 유배시켰어요.

희종의 왕권 회복의 꿈은 이렇게 끝나고
말았답니다.

실권 없는 늙은 왕 강종

두 명의 왕을 쫓아낸 최충헌

정권을 잡을 때 명종을 쫓아낸 최충헌이 또다시 희종을 쫓아냈으니,
최충헌은 왕을 두 명이나 쫓아낸 전무후무한 권력자였어요.
최충원은 명종을 쫓아낼 때 함께 유배 보냈던 명종의 아들 '오'를 새
왕으로 세웠어요. 사실 '오'는 1173년 4월에 태자가 되었어요. 그러나
1197년 9월, 최충헌에 의해 강화도에 유배되는 바람에 왕이 될 거라는
생각은 전혀 하지 않고 살았지요. 그런데 갑자기 희종이 쫓겨나면서
왕위에 오르게 된 거예요. 그가 바로 강종이었어요.
그때 그의 나이가 60세였어요.
강종은 어린 시절부터 무신 정권의 틈바구니에서 목숨의 위협을 느끼며
지냈어요. 태자가 되어서도 무신들의 기세에 눌려 말 한마디 못했어요.
'이 나이에 뭘 바라겠는가? 괜히 최씨에게 도전했다가 목숨을 잃느니
모른 척하고 사는 게 낫겠다.'
이렇게 생각한 강종은 최충헌에게 '문경무위향리조안공신'이라는
칭호를 주고 나라의 모든 일을 맡겼어요. 이에 최충헌은 니는
새도 떨어뜨릴 만큼 그 위세를 자랑하게 되었어요.
더구나 강종은 오랜 유배 생활로 이미 병든 몸이었어요.

결국 강종은 왕위에 오른 지 2년도 안 된 1213년 8월에 세상을
떠났어요. 강종은 죽기 전에 자신의 장례를 검소하고 소박하게
치르라고 당부했어요.

'상복은 3일 만에 벗고 무덤은 작고 아담하게 만들라.'

강종은 왕으로서의 행복은커녕 최충헌의 눈치만 살피다가 초라한
죽음을 맞이했어요. 그의 삶은 비참한 고려 왕실의 운명을 그대로
보여 주는 것이었어요.

한편 강종을 허수아비 왕으로 내세운 최충헌은 당연히 더 많은 권세를
누렸어요. 교정도감이라는 든든한 조직을 만들어, 자신에게 반대하는
세력이 있으면 그 즉시 불러들여 싹을 잘랐어요.

"임금도 쫓아내는 분이 아닌가. 불만이 있더라도 아무 말 말게."

"목숨이 열 개라도 남아나지 않을 것이니 입
다물고 살아야 하네."

대신들은 최충헌의 기세에 벌벌 떨며 입을
다물었어요.

백성들도 최충헌을
두려워했어요. 심지어 최충헌이
아이들을 잡아다가 집 기둥 밑에
묻었다는 소문이 떠돌 정도였어요.
백성들에게 최충헌은 그만큼

강종은 최충헌의
눈치만 살피다
죽음을 맞았어.

늙은 나이에
마음고생이
심했겠다.

잔인하고 무시무시한 권력자였던 거예요.

자연히 고려의 군사력은 점점 기울어만 갔어요.

최충헌이 나라를 지키기 위해 군사들을 훈련시키는 대신,

자신의 권력을 지키고 키우는 데에만 힘썼기 때문이에요.

그러다 보니 자연히 국경의 방어도 소홀해졌지요.

이 무렵 국경의 북쪽에서는 몽골의 칭기즈 칸이 주변의 여러 부족을

통일하며 힘을 키우고 있었어요. 그들은 호시탐탐 남쪽의 고려 땅도

넘보고 있었어요. 그렇지만 권력에 눈이 멀고 제 욕심 차리기에 바쁜

최충헌에게 몽골의 위협이 느껴질 리 없었어요.

몽골의 침입에 시달리는 고종

어지러운 국제 정세

고종이 고려 제23대 왕위에 올랐을 무렵, 나라 밖의 사정은 매우
다급하게 돌아가고 있었어요. 몽골이 급속도로 세력을 키우자, 금에
의해 서쪽으로 쫓겨 갔던 거란이 다시 동쪽으로 밀려 왔어요. 살 곳이
없어진 거란은 금의 국경을 위협했지요. 다급해진 금은 고려에 사신을
보내 도움을 청했어요.

하지만 고려로서는 선뜻 금나라를 도울 수 없었어요. 섣불리 금나라를
도왔다가는 몽골과 진나라의 공격을 받을지도 모르니까요.

그러나 고려도 더 이상 전쟁을 피할 수 없었어요.

고려 땅은 너무 맛있어 보인단 말야.

1216년 8월, 거란족이 수만 명의 군사를 이끌고 압록강을 넘어왔어요.

"폐하, 거란을 미워하는 것은 우리뿐이 아닙니다. 동진·금·몽골 모두 거란을 없애고자 하니, 그들과 힘을 합쳐야 합니다."

마침내 1218년, 몽골군 1만과 동진군 2만의 연합군이 거란을 공격했고, 결국 거란군은 1219년 정월에 연합군에게 항복했어요.

거란군이 물러갔다고 평화가 온 것은 아니었어요. 이번에는 몽골이 고려를 위협했어요. 형제 관계를 맺자고 요구하는 한편 아무 때나 사신을 보내 특산물을 바치라고 요구했지요.

최우를 몰아내고 최향을 우두머리로 모셔야겠어.

몽골의 이런 행동을 못마땅하게 여긴 최우는 몽골과의 전쟁에 대비하여 1221년에 의주, 화주, 철관 등지에 성을 쌓았고, 1223년에는 개경의 나성을 수리했어요.

그런데 1225년 정월, 몽골 사신 저고여가 고려에 왔다가 돌아가는 길에 도적들에게 목숨을 잃는 사건이 발생했어요. 그러자 몽골은 보복을 다짐했고, 이로 인해 두 나라의 교류는 끊어졌지요.

이 무렵, 고려는 나라 안도 매우 시끄러웠어요.

절대 권력을 휘두르던 최충헌이 병으로 자리에 누워 죽음을 기다리는 처지가 되자, 최우와 최향 두 아들이 권력을 차지하려고 다투게 되었거든요. 최충헌의 부하인 최준문, 지윤심, 유송절 등은 최우와 사이가 좋지 않았어요.

"최우가 정권을 쥐면 우리를 죽일 테니 먼저 치세."

그러나 이 모의가 곧 발각되어 최준문 일당은 물론, 최향까지 모두 유배를 떠나야 했어요. 이제 최우의 권력을 위협할 사람은 아무도 없었어요.

그 사이 국제 정세는 더욱 복잡해졌고, 마침내 몽골이 쳐들어왔어요.
다행히 화의를 맺고 끝이 났지만 언제 또다시 전쟁이 터질지 모르는
일이었어요. 1232년, 최우는 자기 마음대로 도읍을 강화도로
옮겨 버렸어요.
"개경은 왕을 모시기에 위험하니 강화를 진지로 삼아 몽골과의
전쟁을 치러 낼 것이다."
고종은 강화도로 가고 싶지 않았지만 최우가 궁궐의
모든 기관을 옮기는 바람에 어쩔 수 없이
따라나서야 했어요.
도읍을 강화도로 옮겼다는 소식을 들은 몽골은
다시 고려를 공격했어요. 이때부터 약 30년간
몽골의 침략이 계속되었지요.
최우는 본토의 백성들이 몽골군에게 짓밟힌다는
소식을 듣고 강화와 육지 사이에 운하를
만들려고도 하고, 안전한 울릉도로 백성들을
피난시키려고도 했어요. 하지만 짧은 시간에
그 일을 해내기는 힘들었어요. 최우는 몽골군의
제4차 침입이 있고 난 뒤인 1249년에 세상을
떠났어요.

30년간 계속된 몽골의 침략

몽골이 고려를 침략한 것은 몽골의 사신 저고여를 고려가 일부러
살해한 것으로 오해했기 때문이었어요. 1231년 8월에 몽골의 장수
살리타가 군대를 이끌고 쳐들어오자 위기를 느낀 고려는 왕정을
사신으로 보내어 몽골군을 달랬어요.

"장군, 몽골과 고려는 형제간이니 전쟁을 그만하도록 합시다."

"우리 사신을 죽인 책임은 어떻게 질 것이오?"

"사실 저고여를 죽인 것은 금나라입니다."

왕정은 살리타와 몽골의 장군들에게 많은 예물을 주고 화의
조약을 맺었어요. 하지만 몽골군은 서경을 비롯한 서북면 40개
성에 몽골의 관리인 다루가치를 남겨 두고 떠났어요.

몽골군들은
물에서는 꼼짝도
못한다더군.

히히, 그럼
비가 와도
꼼짝 못할까?

고려는 몽골군이 물에서의 전투에 약하다는 사실을 알고 도읍을
강화도로 옮겼어요. 몽골과의 본격적인 전쟁에 대비한 것이었지요.
그런데 얼마 후, 윤복창과 민희 등이 몽골의 다루가치를 습격하는
사건이 일어났어요.
이에 화가 난 몽골은 1232년에 또다시 고려를 침략해 마을을
불태우고 곡식과 가축을 약탈해 갔어요.
고려는 군사들뿐만 아니라 백성들까지 하나로 뭉쳐 이에 맞섰어요.
마침내 그해 12월, 용인의 처인성에서 김윤후가 몽골군 장군 살리타를
죽였고, 이에 당황한 몽골군은 서둘러 물러났어요.
1235년, 몽골은 살리타의 복수를 하겠다며 다시 쳐들어왔어요. 이러한
몽골의 침입은 1257년까지 모두 7번이나 있었어요. 몽골과의 전쟁은
태자 식(원종)이 40여 명의 대신들과 몽골에 들어가 예를
올림으로써 겨우 끝이 났답니다.

호국의 염원으로 만든 팔만대장경

고려는 1011년, 거란이 침입하자 백성의 마음을 하나로 모으기 위해
〈초조대장경〉을 만들었어요.
그 후, 대각 국사 의천이 〈초조대장경〉을 보완하여 신편제종교장총록을
만들었고, 이 목록을 바탕으로 선종 시대에 판각 작업을 하게 되었지요.
이것이 바로 〈속장경〉이에요.
그런데 그만 1232년에 몽골군이 침입했을 때 부인사에 보관하던
〈초조대장경〉과 〈속장경〉이 불에 타서 없어져 버렸어요.
그러자 최우는 1236년에 대장도감을 설치하고 다시
대장경을 만들게 했지요.
16년 가까이 계속된 이 작업으로 마침내 〈팔만대장경〉이 탄생하게
되었어요. 〈팔만대장경〉은 단순히 종교적인
의미가 아니라 외적에 맞서 민심을
한데 모을 목적으로 제작된 것이에요.

목각판 대장경을
만든 인쇄술은 이후
금속 활자의 제작으로
이어졌어요.
금속 활자의 발명은
인류 역사에서 가장 큰
사건이라고 할 만큼
문화적으로 중대한
일이랍니다.

41

고려의 멋, 은은한 비색 청자

'고려의 문화유산' 하면 가장 먼저 떠오르는 것이 고려청자일 거예요. 고려 시대에 청자가 만들어진 것은 도기에 유약을 발라서 굽는 기술이 발달한 덕분이에요. 그전까지는 주로 투박한 도기를 썼어요. 고려청자는 은은한 빛깔과 품격 있는 무늬를 지닌 우리나라의 자랑거리예요.

❀ 상감 청자는 어떻게 만들까?

고려청자는 만드는 방법에 따라 순청자와 상감 청자로 나뉘어요. 순청자는 무늬가 없는 청자이고, 상감 청자는 섬세한 무늬가 새겨진 청자를 말해요.

반쯤 말린 도자기 표면에 무늬를 새겨 초벌구이를 한 다음, 회색 또는 검은색 흙으로 홈을 메우고 청자유를 발라서 다시 구우면 은은하고 기품 있는 상감 청자가 완성돼요. 상감 기법은 고려 도공들이 개발한 독창적인 기술이랍니다.

▲ 청자 상감 모란문항(국보 제98호)

고려청자의 빛깔과 같은 푸른색을 비색이라고 하는 거야.

▲ 고려와 송의 주요 무역품이었던 청자

❀ 풀리지 않은 비색의 수수께끼

청자라고 모두 똑같은 푸른색은 아니에요. 도자기의 색깔은 흙과 유약의 성분, 그리고 불을 땔 때 가마 안에 산소가 얼마나 들어갔는지, 가마 속의 온도는 얼마인지, 또 굽는 시간을 어느 정도 주었는지 등 여러 가지의 영향을 받아요. 그에 따라서 한 가마 안에서도 여러 가지 색깔이 나오지요.

그중 가장 알맞은 조건에서 비색 청자가 탄생하는데, 제일 중요한 요소가 도자기에 바르는 유약이에요. 유약은 나무를 태워서 만든 재가 원료인데, 청자용 유약은 어떤 나무로 만드는지 아직 밝혀지지 않았대요.

✿ 최고의 청자 생산지였던 강진

고려 때 청자를 만들던 마을을 도자소라고 했어요. 도자소는 청자를 운반하기 쉽도록 바닷가나 큰 강가에 있었지요. 게다가 땔나무가 풍부하고 질 좋은 흙을 구하기 쉬워야 해요. 전라북도 부안, 전라남도 강진 등에 큰 도자소가 있었어요.

부안과 완도 앞바다에서 고려청자를 무더기로 건져 올린 적이 있어요. 이것은 도자소에서 만든 청자를 싣고 가던 배가 풍랑을 만나 바다에 가라앉은 것을 몇 백 년 만에 발견한 것이랍니다.

지금도 청자의 비색을 되살리려는 노력이 이루어지고 있어.

▲ 정성스레 도자기를 빚고 있는 도공의 모습

✿ 생활 속의 멋

▲ 청자 사자 유개 향로 (국보 제60호)

청자는 12세기에 사용이 늘어나고, 제작 기술도 크게 발전했어요. 술병과 그릇 외에 등잔, 베개, 화분, 문방구, 기와, 향로 등 여러 가지 생활용품이 만들어졌어요. 주로 귀족과 왕족이 사용했지요. 청자는 고려의 주요한 수출 품목이었어요. 중국 송나라에 수출된 청자는 "건주의 차, 촉의 비단, 정요 백자, 그리고 고려 비색은 모두 천하제일이다."라는 칭송을 들었어요.

한국사 돋보기 — 청자의 이름은 어떻게 지었을까?

도기에 이름을 붙이는 순서가 있어요. 먼저 청자, 백자처럼 색상을 구분해요. 다음에는 음각, 양각, 상감, 퇴화 같은 장식법을 밝혀요. 그 다음에는 구름, 국화, 학 같은 무늬를 알려 주지요. 그리고 마지막으로 병, 주전자 같은 도자기의 모양을 붙인납니다. 청사 상감 구름 학 무늬 배병을 예로 들어 볼까요? 청자(색상), 상감(장식법), 구름 학(무늬), 매병(모양)이에요. 이런 식으로 이름을 붙이다 보면 '청자 상감 풀꽃 무늬 표주박 모양 주자와 승반' 처럼 긴 이름이 되기도 하지요.

알고 보니 간단하고 분명하네.

▲ 청자 상감 구름 학 무늬 매병

생생! 문화유산

팔만대장경은 왜 강화도에서 만들었을까?

고려 고종은 몽골이 두 번째로 침입하기 직전에 강화도로 옮겨 갔어요. 당시의 최고 실력자인 최우는 몽골에 끝까지 대항하기 위해 도읍을 강화도로 옮기고 성을 쌓았지요. 그리고 부처님의 힘으로 외적을 물리치기 위해 〈팔만대장경〉을 만들기 시작했어요.

❀ 고려궁지

고려 왕실은 1232년(고종 19)에 강화도로 옮겨 가 39년간 이곳에 머물렀어요. 도읍을 옮긴 지 2년 만에 개경에 있는 것과 똑같은 궁궐과 관아를 짓고 뒷산도 송악산이라고 불렀지요.

최우는 이곳 강화도에 선원사를 세우고 〈팔만대장경〉을 만들었어요. 지금은 작은 터만 남아 있지만, 고려 시대에는 마을 전체가 선원사 땅이었대요.

조선 정조 때는 고려궁지에 외규장각을 설치하고 1,000여 권의 서적을 보관했는데, 병인양요 때 프랑스군이 불태우고, 많은 서적을 약탈해 갔다고 해요.

▲ 강화도 고려궁지

병인양요 때 다 불타고 지금은 동헌과 이방청 남아 있어.

▲ 장경판전 내부

▲ 해인사 장경판전 전경

▲ 팔만대장경판

❀ 팔만대장경

〈팔만대장경〉은 부처님의 힘으로 몽골의 침입을 막아 내려는 마음으로 만들기 시작했어요. 부처님의 가르침을 8만여 장의 나무판에 새겨 넣었기 때문에 〈팔만대장경〉이라고 부르지요. 세계에서 가장 오래된 대장경으로 국보 제32호예요.

〈팔만대장경〉은 해인사의 장경판전에 보존되어 있는데, 해인사 장경판전은 1995년에 석굴암과 불국사, 그리고 종묘와 함께 유네스코 세계 문화유산으로 등록되었어요.

한눈에 보는 연표

우리나라 역사　세계 역사

1170

정중부, 중방 정치 ➡ 1174

망이·망소이의 난 ➡ 1176

1186 ⬅ 신성 로마 제국, 레냐노 전투를 벌임

⬅ 아프가니스탄 지역에서 구르 왕조 열림

1192 ⬅ 일본, 가마쿠라 막부 세움

최충헌 집권 ➡ 1196

▶ 망이·망소이 기념탑

만적의 난 ➡ 1198 ⬅ 인노켄티우스 3세 교황으로 선출됨

▲ 가마쿠라 막부를 연 미나모토노 요리모토

최충헌, 도방 설치 ➡ **1200**

1206 ⬅ 칭기즈 칸, 몽골 통일

1215 ⬅ 영국, 대헌장 제정

거란족의 침입 ➡ 1216

최충헌 죽고 최우가 집권함 ➡ 1219

무신도

1170년에 정중부와 이의방 등 무신들이 반란을 일으킨 이후, 1270년에 마지막 무신 집권자인 임유무가 죽임을 당할 때까지 100년간 무신들이 고려를 다스렸어요.

무신들이 세력을 쥔 이후에 고려의 신분 질서가 흔들리기 시작했어.

1220

1227 ⬅ 몽골, 서하를 멸망시킴

몽골의 제1차 침입 ➡ 1231

강화 천도 ➡ 1232

금속 활자로 〈상정고금예문〉 간행 ➡ 1234 ⬅ 몽골, 금을 멸망시킴

〈팔만대장경〉 조판 시작(~1251) ➡ 1236

칭기즈 칸

칭기즈 칸은 몽골 족을 통일한 후, 중앙아시아뿐만 아니라 동유럽 지역까지 정벌하여 동서양에 걸친 대제국을 건설했어요.

1240

1241 ⬅ 신성 로마 제국, 한자 동맹 성립

최우 죽고 최항이 집권함 ➡ 1249

최항 죽고 최의가 집권함 ➡ 1257

1258 ⬅ 일한국 훌라구, 아바스 왕조 멸망시킴

일한국을 세운 훌라구는 칭기즈 칸의 손자야.